Couvertures supérieure et inférieure
manquantes.

ASSOCIATION NATIONALE RÉPUBLICAINE
51, Rue Vivienne, PARIS

DISCOURS POLITIQUE

Prononcé à Remiremont

le 10 Octobre 1897

PAR

M. MÉLINE

Président du Conseil,
Ministre de l'Agriculture.

PRIX : **5** CENTIMES

PARIS

AU SIÈGE DE L'ASSOCIATION NATIONALE RÉPUBLICAINE
51, RUE VIVIENNE, 51

1897

DISCOURS POLITIQUE

Prononcé à Remiremont

le 10 Octobre 1897

PAR

M. MÉLINE

Président du Conseil,
Ministre de l'Agriculture.

———

Une grande réunion publique, organisée sous les auspices de l'*Alliance républicaine* de l'arrondissement de Remiremont, a eu lieu le 10 octobre, à 2 h. 1/2, dans le grand salon de réception de l'Hôtel de Ville, construit sur l'ancien palais abbatial. Cette réunion a été présidée par le docteur Parisot, sénateur des Vosges et doyen des présidents des comités de l'*Alliance républicaine*, assisté de MM. Tissier, conseiller général, et Argant, maire de Remiremont. Cette réunion avait attiré à Remiremont une foule d'électeurs venus pour entendre le discours annoncé de M. Méline.

Tout d'abord, M. Méline déclare que c'est à dessein qu'il a tenu à s'expliquer sur sa conduite et sur ses actes, comme député et comme chef du gouverne-

ment, devant l'*Alliance républicaine* de Remiremont, parce qu'il veut attirer l'attention de ses amis
sur la propagande excellente de cette Association
politique, dont l'exemple pourrait être si utilement
suivi dans tant d'arrondissements de France. Elle
est la plus démocratique et la plus libérale qu'on
puisse imaginer, puisqu'elle est représentée dans
chaque commune par les meilleurs républicains choi-
sis librement en réunion publique ou privée et qu'elle
est ouverte à tous les hommes qui acceptent sincère-
ment la République et qui veulent loyalement la
servir. Elle comprend toutes les nuances du parti
républicain et cependant l'harmonie la plus complète
règne entre tous ses membres, parce que jamais la
minorité n'a eu la prétention d'imposer sa volonté à
la majorité. C'est donc un modèle d'union républicaine dans le véritable et le meilleur sens du mot.

Aussi, ne devez-vous pas être peu surpris, vous
qui savez tous les efforts que j'ai faits pour maintenir
cette union, même au milieu des circonstances les
plus difficiles, d'entendre mes adversaires répéter
tous les jours, dans leurs journaux et dans leurs discours, que c'est moi qui ai coupé le parti républicain
en deux, avec je ne sais quel secret dessein de le
ramener en arrière et de livrer la République à la pire
des réactions. (*Rires et applaudissements.*)

Il n'est pas possible de travestir plus audacieuse-

ment l'histoire de ces dernières années et de faire
retomber sur les autres avec une plus superbe assu-
rance, les fautes que l'on a commises soi-même et
qu'on ne veut pas réparer. Je suis bien le dernier, en
tous cas, auquel on puisse adresser un pareil reproche.

L'Attitude de M. Méline à la Chambre.

Depuis que je suis dans la vie publique, depuis que
la République est fondée, j'ai soutenu à peu près tous
les ministères, même ceux qui ne répondaient pas à
mes vues et qui ne faisaient pas la politique que
j'eusse souhaitée, parce que je sais trop bien qu'il n'y
a pas de ministère parfait et parce que je considère la
stabilité gouvernementale comme tellement néces-
saire à la bonne gestion des affaires publiques que je
suis toujours prêt à lui sacrifier mes préférences personnelles.

Je n'ai fait que deux exceptions à cette règle, et
vous allez voir si elles étaient justifiées. La première
fois, c'était pour renverser le cabinet de M. Goblet, et
je ne visais nullement son chef, mais son ministre de
la guerre, le général Boulanger, dans lequel j'entre-
voyais le conspirateur du lendemain, qui ne pouvait
que nous conduire à la dictature à l'intérieur et aux
aventures à l'extérieur ; j'ai fait preuve ce jour-là, je

oiois, d'une clairvoyance qui n'était pas sans mérite. (*Applaudissements.*)

Ma seconde campagne anti-ministérielle a été dirigée contre le ministère présidé par l'honorable M. Bourgeois ; mais comment l'ai-je engagée et conduite ? Est-ce que je me suis attaqué à ce ministère de parti pris, sans réflexion, sans lui laisser le temps d'agir et de fixer sa ligne politique ? J'ai fait tout le contraire ; mes votes et mon langage ne peuvent laisser aucun doute sur l'attitude que j'ai prise aux débuts du cabinet Bourgeois. J'avais pour son chef des sympathies personnelles très anciennes et je conservais l'espoir qu'il saurait résister aux influences qui s'exerçaient autour de lui, pour rester lui-même. J'étais alors directeur de *la République française* et je ne perdais aucune occasion de l'encourager dans la voie qu'il paraissait d'abord disposé à suivre. J'écrivais le 16 novembre 1895 : « Pourquoi déclarerions-nous la guerre à M. Bourgeois s'il fait une politique raisonnable et sage, s'il se montre aussi ferme que nous pourrions l'être contre les mises en demeure et les exigences des socialistes ? En prenant possession du pouvoir, il nous a demandé de le juger sur ses actes et c'est un droit qu'on ne peut refuser à aucun chef de gouvernement. »

Ce droit, nous l'avons très largement et très généreusement respecté, mes amis et moi, tant que le ministère Bourgeois n'a pas incliné systématiquement sa politique du côté des socialistes. Mais après le dépôt du projet de loi qui proposait l'établissement de l'impôt global et progressif sur le revenu, que les collectivistes déclaraient n'accepter que comme un à-compte et un acheminement vers le nivellement des fortunes; après le célèbre discours de M. Mesureur, alors ministre du Commerce, qui déclarait à Châlons, que les républicains « progressistes et socialistes » avaient droit au pouvoir parce qu'ils étaient seuls capables de gouverner, le doute désormais n'était plus permis. L'alliance socialiste était scellée ; il était visible que si nous laissions aller les choses de ce train, nous marchions avant peu à une crise, et, au lendemain de la crise, à une réaction inévitable qui mettrait la République en péril. (*Très bien ! très bien !*) C'est ce qui me décida, malgré ma répugnance, à sortir de ma neutralité et à laisser les questions économiques qui étaient la passion de ma vie, pour entrer dans l'arène politique. Je l'ai fait, je le jure, sans ambition personnelle, pour remplir ce que je considérais comme un devoir (*Vifs applaudissements*); c'est également par devoir que j'ai accepté ensuite le lourd fardeau des affaires dans des conditions si difficiles, dans l'état presque révolutionnaire où nous nous trouvions alors engagés. En prenant le pouvoir, je ne demandais qu'une chose à mes adversaires de la veille, c'était de nous traiter comme je les avais traités moi-même, de nous voir à l'œuvre et de nous faire un crédit suffisant pour pouvoir nous juger en pleine connaissance de cause. (*Applaudissements répétés.*)

Le Gouvernement et l'opposition.

Au lieu de cela, nous avons été dès le premier jour, avant même que nous n'ayons rien fait, traités en ennemis irréconciliables; et, depuis lors, on n'a voulu ni nous entendre ni nous permettre de vivre. On nous a fait une guerre implacable et sans merci et tous les terrains ont été bons pour chercher à nous renverser. On ne s'est pas contenté de nous interpeller sur nos moindres actes : tout est devenu matière et prétexte à interpellations déguisées, depuis le budget qui n'a été qu'une vaste interpellation, jusqu'aux lois d'affaires les plus étrangères à la politique. Je crois pouvoir dire que les annales parlementaires n'offrent pas d'exemples d'un ministère aussi souvent et aussi injustement mis sur la sellette que le nôtre. (*Applaudissements.*)

Et cependant, rien, ni dans notre programme, ni dans notre attitude, ni dans notre ligne politique, ne pouvait justifier cette hostilité systématique, cette intransigeance sans précédent. (*Très bien! très bien!*)

Le Programme du Ministère.

La déclaration ministérielle que nous avons apportée en prenant possession du pouvoir, était tout le contraire d'une provocation. Nous y faisions appel à l'union de tous les républicains pour mettre un terme au conflit des pouvoirs publics, qui paralysait tout, qui semait l'inquiétude partout ; nous offrions à la majorité républicaine d'effacer la trace de nos divisions, en travaillant ensemble à une œuvre de progrès et de réformes démocratiques de nature à satisfaire le pays tout entier. Quant à notre programme, je n'ai pas besoin de dire qu'il était irréprochable au point de vue républicain. (*Applaudissements.*)

Ce que nous proposions, c'était la trève des partis jusqu'à la fin de la législature ; qu'on ne vienne donc pas dire que c'est nous qui avons provoqué la scission du parti républicain, alors que nous avons tout fait pour la prévenir.

La vérité, c'est que les chefs du parti radical ne voulaient plus alors de l'union de tous les républicains. Ils nous déclaraient la guerre uniquement parce qu'ils ne nous pardonnaient pas de leur avoir enlevé le pouvoir, et parce qu'ils espéraient le reconquérir tout de suite, grâce à leurs alliés, les socialistes. Voilà pourquoi ils se sont refusés, dès le premier jour, à marcher plus longtemps avec le gros de l'armée républicaine en se séparant des socialistes. (*Applaudissements.*)

On sent bien, dans le camp radical, que c'est là une politique difficile à défendre devant le pays, surtout à l'approche des élections, et on s'efforce de la masquer du mieux qu'on peut dans les discours publics, en cherchant des prétextes contre nous, en proclamant bien haut qu'on n'est pas socialiste le moins du monde et qu'on ne nous combat que parce que nous sommes des cléricaux et des réactionnaires ! (*Rires et applaudissements.*)

La Campagne des Radicaux-Socialistes.

De là cette campagne, aussi factice que violente, destinée à détourner l'attention publique du péril socialiste, pour lui laisser croire au péril clérical. Le cléricalisme est devenu la grande plateforme électorale du parti radical. (*Sourires.*) C'est, du reste, sa vieille tactique, une tactique bien connue ; toutes les fois qu'il se voit dans l'embarras et qu'il se sent serré de trop près par les socialistes, il fait surgir le spectre clérical pour faire diversion et ramener ses troupes en déroute. Le procédé est très commode et dispense d'avoir un programme ; l'anticléricalisme répond à tout, et il suffit de broder sur ce thème des variations brillantes pour avoir le droit de faire le silence sur tout le reste. (*Nouveaux rires et applaudissements.*) Heureusement, la comédie est trop visible et le pays ne s'y laisse plus prendre. Il ne suffit pas d'accuser un gouvernement de cléricalisme pour faire croire qu'il est clérical. Il faut le prouver, et nos adversaires ont beau faire, ils n'y parviendront pas, quelque effort qu'ils fassent pour exploiter, en les grossissant, en les dénaturant, les moindres faits, les moindres incidents, les mille riens qu'on laisse soigneusement passer inaperçus sous un ministère radical et qu'on relève avec fracas sous un ministère modéré. (*Vifs applaudissements.*)

La Politique religieuse du Cabinet.

Le nom seul des membres qui composent le cabinet suffirait, du reste, à réfuter une pareille absurdité. Quant à nos actes, ils défient toute critique sérieuse.

Nous faisons respecter le Concordat et les lois de l'Etat, sans passion ni provocation, avec une fermeté impartiale. (*Très bien! très bien!*)

Nous défendons avec la même énergie que les cabinets précédents les prérogatives et les droits de la société civile, et nous n'hésitons pas à arrêter les membres du clergé quand ils les méconnaissent ou quand ils compromettent leur autorité et leur caractère en sortant de leur domaine pour faire invasion dans la politique. (*Très bien! très bien!*) La seule chose que nous nous refusions à faire, c'est de déclarer la guerre à l'idée religieuse, parce que si la France n'est pas cléricale, elle est, dans sa grande majorité, très tolérante ; nous témoignons pour la religion d'un respect sincère, et c'est là ce qui offusque le plus certain parti qui la considère comme un reste de servitude qu'il faut extirper.

Au lieu de la guerre, nous poursuivons l'apaisement dans le domaine religieux. L'Histoire ne nous apprend-elle pas que les querelles religieuses sont toujours, à l'intérieur et à l'extérieur, une cause d'affaiblissement. (*Très bien! Très bien! et vifs applaudissements*)

La Droite et le Ministère.

Après vous avoir parlé du péril clérical, faut-il maintenant que je vous parle du péril monarchique et que je réponde une fois de plus à cette objection que nous gouvernons avec la droite, que notre majorité est une majorité de droite ?

Non, nous ne gouvernons pas avec la droite. Gouverner avec un parti, c'est appliquer ses idées, son programme, ou tout au moins en prendre une partie ; or, nos adversaires le savent aussi bien que nous, notre programme est républicain, nettement républicain, et, sur ce programme, nous ne faisons de concessions à personne. Personne, du reste, ne nous fait l'injure de nous en demander. (*Applaudissements.*)

La droite vote avec nous, parce qu'elle préfère notre politique à celle qui mène du radicalisme au collectivisme et qu'elle fait passer l'intérêt du pays avant ses préférences dynastiques ; ou plutôt, elle ne vote pas avec nous, elle vote contre la révolution sociale, ce qui est bien son droit. En le faisant, elle garde son indépendance et elle la revendique hautement.

Quant à notre majorité, je soutiens qu'elle est la vraie majorité républicaine, et je renvoie ceux qui nous défient tous les jours de l'établir, à la liste des nombreux scrutins qui en font foi. Qu'on en retire, si l'on veut, les voix de la droite, et qu'on fasse subir la même opération à la minorité qui nous combat, en éliminant l'appoint des socialistes, et on découvrira aisément que nous avons avec nous, dans la Chambre, la majorité des républicains ; cette majorité, nous l'avons bien davantage encore dans le pays. (*Vifs applaudissements.*)

Je sais bien qu'on essaie, dans le camp radical, d'ôter au calcul sa valeur, en traitant de monarchistes tous ceux qui ne sont pas des républicains de la veille, et en excommuniant ceux qu'on appelle avec mépris des ralliés, comme si, après vingt-sept ans de République, il n'était pas permis d'ouvrir nos rangs à des hommes sincères et loyaux, comme notre collègue le comte d'Alsace, dont tous les votes, sans en excepter aucun, depuis le commencement de la législature, ont été aussi républicains que les nôtres ! Je n'hésite pas à dire que de pareils concours sont un honneur pour un gouvernement et qu'ils lui apportent plus de force que certains collectivistes révolutionnaires dont je n'ai pas besoin de vous rappeler les noms. Il n'en est pas moins vrai que, sans les socialistes purs, le parti radical serait en minorité républicaine considérable, et c'est pour cela qu'il ne veut pas, qu'il ne peut pas se séparer d'eux ; c'est là ce qui fait la nouveauté de la situation au milieu de laquelle se débat le Parlement depuis le début de la législature, ce qui a changé de fond en comble les conditions de la concentration républicaine telle qu'elle avait été pratiquée jusque-là. Ce n'est pas nous qui l'avons tuée, comme on nous le reproche tous les jours si imprudemment, ce sont les socialistes, où plutôt ce sont les radicaux eux-mêmes, en faisant le jeu des socialistes. (*Applaudissements.*)

La Concentration.

De tout temps, la concentration avait été un leurre pour le parti modéré, et cependant il la supportait, il la pratiquait loyalement ; on ne lui savait aucun gré du sacrifice qu'il faisait en introduisant dans tous les ministères des représentants du parti radical ; le cabinet était à peine constitué que les ministres radicaux étaient traités de renégats par leurs amis et le ministère, battu en brèche parce qu'il ne voulait pas capituler devant les exigences radicales. Le ministère ne tardait pas à être renversé par un moyen devenu classique et qui ne manquait jamais son effet : la coalition de l'extrême-gauche et de la droite. Cela ne s'appelait pas alors, il est vrai, gouverner avec la droite. (Sourires.) C'était, paraît-il, chose morale de renverser les cabinets républicains ; mais c'est aujourd'hui chose immorale de les soutenir. (Nouveaux rires.) C'est par ce procédé que, jusqu'en 1893, tous les ministères ont été successivement renversés.

Avec la nouvelle législature, tout a changé de face, et le parti radical a imaginé une autre tactique bien plus puissante, bien plus décisive, pour avoir raison des ministres. Pour la première fois, le parti socialiste entrait sérieusement en ligne à la Chambre et il se trouvait assez nombreux pour faire l'appoint d'une majorité. Il y avait là, pour les coalitions de l'avenir, une ressource inespérée et l'on comprend que le parti radical ait donné la préférence à une combinaison qui présentait tant d'avantages ; les coalitions avec la droite permettaient bien de renverser un cabinet, mais elles ne permettaient pas de gouverner et surtout de garder le pouvoir. Avec le parti socialiste, au contraire, la coalition devenait une concentration d'un nouveau genre, grâce à laquelle le parti radical pouvait éliminer complètement les vieux républicains et prendre leur place au pouvoir. (*Très bien ! très bien ! rires et applaudissements.*)

Malheureusement, le parti socialiste ne pouvait pas se montrer aussi désintéressé que la droite, qui renversait les ministères uniquement pour faire échec à la République, et qui ne demandait rien de plus. Avec les socialistes, c'est autre chose ; ils n'entendent pas être dupés, parce qu'ils perdraient leur clientèle, et ils réclament à leurs alliés le prix de leur concours, c'est-à-dire leur part d'influence et de gouvernement : ceux qui se servent d'eux sont bien obligés de la leur faire ; il faut donc gouverner avec eux ou sans eux. (*Applaudissements.*)

Telle est, messieurs, la philosophie du spectacle auquel nous assistons depuis quelques années, et qui a amené, par la force des choses, dans la composition et le rôle des partis, des changements si profonds.

C'est là ce qui a tué, après bien d'autres causes, l'ancienne concentration républicaine et qui en rendra probablement le retour impossible ; mais vous voyez que ce n'est pas à nous qu'en incombe la responsabilité. (*Non ! non ! applaudissements.*)

Dans une pareille situation, il n'y a plus, il faut le dire bien haut, qu'une seule concentration possible, en dehors de la concentration socialiste, c'est celle que nous essayons de faire depuis dix-huit mois, en groupant tous les républicains qui veulent reprendre l'ancienne marche de notre parti, continuer la politique qui se résumait dans cette formule si simple et qui traduit si bien la pensée du pays : ni révolution, ni réaction.

Nous avons eu la satisfaction de voir venir à nous, pour faire cette politique, des radicaux de la veille, des hommes de progrès, ceux qu'on a appelés justement des radicaux de gouvernement, qui n'ont pas hésité, quand ils ont vu les dangers qui menaçaient la société moderne et la République ; c'est avec eux que nous avons pu sauver la fin de la législature et préparer celle qui ne tardera pas à s'ouvrir.

Les deux partis et les élections générales.

Car la question qui se débat en ce moment dans la Chambre, va être bientôt posée devant le pays, et il

faut s'en féliciter pour son avenir. Le suffrage uni-
versel sera appelé à se prononcer entre les deux politiques que je viens de définir; — celle de l'alliance avec
les socialistes et la vieille politique du parti républicain, — et à dire celle qu'il préfère. Dans l'état des
esprits, il est facile de prévoir que les élections pro-
chaines ne ressembleront pas aux autres. Elles ne se
feront pas seulement sur des personnes, elles se
feront sur un programme politique net et clair; les
partisans du scrutin de liste pourront voir, et peut-être
apprendre à leurs dépens, que le scrutin uninominal,
n'exclut nullement l'action des grands courants politiques. (*Applaudissements.*)

C'est ainsi que nous sortirons de l'équivoque qui,
depuis un certain nombre de législatures, pèse sur les
élections, et qui nous a fait tant de mal. C'est, en
effet, cette équivoque qui a empêché la constitution
d'une véritable majorité de gouvernement, et c'est
l'absence de cette majorité qui explique la situation fausse et pénible au milieu de laquelle nous nous
épuisons depuis si longtemps. Elle est la principale
cause de cette impuissance parlementaire dont le pays
se plaint avec tant de raison; c'est parce que les gouvernements n'ont pas derrière eux une majorité suffi-
sante qu'ils ne peuvent rien tenter de solide et de
durable; obligés sans cesse de défendre leur existence
contre une opposition qui guette toutes les occasions
de les renverser, ils ne peuvent pas gouverner. La

Chambre ne peut pas davantage légiférer, parce que les partis, enhardis par la faiblesse de la majorité, se disputent sans cesse le pouvoir, et c'est ainsi que la politique envahit tout, fausse tout et rend tout travail sérieux impossible. (*C'est cela ! très bien !*)

La Réforme parlementaire.

Comment sortir de cette situation qui porte tant de préjudice au régime parlementaire ?

Est-ce par cette panacée si chère au parti radical : la revision de la Constitution ? Mais la revision de la Constitution ne ferait qu'aggraver le mal en déchaînant davantage encore les fureurs des partis politiques et en aiguisant leurs espérances. Ce qu'il faut reviser, comme l'a dit si justement M. le ministre de l'Intérieur dans son remarquable discours de Bayonne, ce sont les méthodes de travail et le règlement de la Chambre; mais cette réforme elle-même n'aura de valeur qu'autant que nous aurons réformé les hommes chargés de l'appliquer... (*Très bien ! très bien !*) qu'autant que la majorité sera assez unie, assez résolue, pour tenir la main à l'application de son règlement sans se laisser ni décourager par les obstructionnistes, ni intimider par les violents. (*Applaudissements.*)

C'est ainsi que, de quelque côté qu'on se tourne, on est toujours ramené à cette nécessité d'une majorité de gouvernement sans laquelle on ne peut rien faire, sans laquelle le régime parlementaire n'est qu'un vain mot. Rien ne le prouve mieux que ce qui se passe depuis dix-huit mois. En prenant le pouvoir, notre objectif a été de dégager, de constituer dans la Chambre actuelle, comme nous le pouvions, une majorité de gouvernement qui permît à cette législature de bien finir et de faire oublier son commencement. L'œuvre était difficile, je le reconnais, et, cependant, elle a réussi jusqu'à ce jour et elle a donné des résultats inespérés.

C'est grâce à l'union et à l'énergie de cette majorité, que nous avons pu, malgré les obstacles accumulés sur notre route, faire un certain nombre de lois excellentes qui ont été accueillies par le pays avec la plus vive satisfaction. Nous en aurions fait bien davantage si nous n'avions pas été arrêtés à chaque pas, par une opposition implacable et purement politique. Si cette majorité veut bien continuer à nous suivre, nous tâcherons d'achever notre œuvre en employant utilement les derniers jours de la législature et en les consacrant exclusivement à des réformes d'une haute importance et d'une extrême urgence. (*Très bien !*)

La Rentrée des Chambres.

Nous nous proposons de faire mettre à l'ordre du jour, dès la rentrée, et avant le budget, la loi sur les accidents de travail et celle des assurances agricoles qui intéressent à un si haut degré nos ouvriers et nos agriculteurs, avec quelques autres projets d'ordre économique. Tout le monde est d'accord sur le principe de ces lois qui peuvent être votées en quelques jours; mais nous ne nous dissimulons pas que cela ne sera possible qu'autant qu'on n'en compliquera pas la discussion, à plaisir et de parti pris, par des amendements inutiles ou des propositions obstructionnistes. J'espère encore que personne ne voudra prendre cette responsabilité.

Nous aborderons ensuite le budget qui forme l'objet principal de la session extraordinaire qui va s'ouvrir; si l'opposition veut bien permettre à la Chambre de le voter rapidement, nous pourrons alors, avant la fin de la législature, aborder la réforme financière de la contribution personnelle et mobilière, et des portes et fenêtres qui viendra s'ajouter au dégrèvement récent de la contribution foncière et qui, sans inquisition, sans taxation arbitraire, dégrèvera, mieux que l'impôt sur le revenu, plus de six millions de petits contribuables, en même temps qu'elle facilitera le rétablissement de l'équilibre entre la propriété immobilière et la propriété mobilière. (*Très bien! Très bien!*)

J'espère qu'il nous restera enfin assez de temps pour aborder la grosse question de la suppression des octrois sur les boissons hygiéniques — une vraie réforme démocratique, celle-là, et une des meilleures — et, après elle, celle du régime des boissons depuis si longtemps en suspens. J'aurais bien voulu aussi, mais je n'ose plus l'espérer, pouvoir y ajouter l'organisation des Chambres d'agriculture. (*Très bien! très bien!*)

Ce n'est là, du reste, qu'une partie du vaste programme de réformes pratiques dont l'ensemble résume les revendications de notre démocratie et qui fait passer, en première ligne, ces deux œuvres capitales, la décentralisation administrative et l'organisation des caisses de retraite pour les ouvriers et de l'assistance pour les vieillards. (*Très bien! très bien!*)

Les Réformes sociales.

C'est ce programme qu'il faudra reprendre en entier dans la prochaine législature, c'est à sa réalisation qu'il faudra consacrer tout le temps, tous les efforts de la majorité qui se sera formée sur lui. Je ne

connais pas de meilleur moyen pour combattre le
socialisme et le réduire à l'impuissance que de pour-
suivre sans cesse tous les progrès réalisables et de
résoudre successivement tous les problèmes qui se
rattachent à l'amélioration du sort des classes labo-
rieuses. (*Applaudissements.*)

Laissons déclamer dans le vide les partisans fa-
rouches de la révolution sociale, laissons-les pour-
fendre tous les jours, dans leurs discours, la propriété
et le capital, prêcher l'extermination de la bour-
geoisie; pendant qu'ils se perdent en vaines paroles,
sachons agir et réformer. (*Très bien !*) Les masses
sauront bien vite faire la comparaison entre ceux qui
les flattent sans rien faire et ceux qui les aiment sin-
cèrement, en leur faisant tous les jours un peu de
bien. (*Applaudissements.*)

Opposons à la suppression du capital et de la propriété, leur extension, leur diffusion indéfinie; facili-
tons-en de plus en plus l'accès par une bonne organisation du crédit agricole et populaire, par la
diminution des charges publiques, par des encoura-
gements incessants à l'esprit d'épargne. Au collectivisme tyrannique et niveleur, à l'absorption de
l'individu par l'État, opposons la solidarité par le
libre essor de l'initiative individuelle, par le développement de la mutualité sous toutes les formes.
(*Applaudissements répétés.*)

C'est par la mutualité, par le fonctionnement actif des associations coopératives et mutuelles que nous aurons raison du socialisme collectiviste et que nous le désarmerons. Un jour viendra, je le crois fermement, où il sera, vaincu par l'évidence des faits, obligé de reconnaître qu'il a fait fausse route et emporté lui-même dans le mouvement mutualiste.

Aussi, quand j'envisage l'avenir lointain, un avenir que je ne verrai pas sans doute, en essayant de déchirer les voiles qui le cachent, j'entrevois, au lieu de la société déchirée et divisée qu'on voudrait nous faire aujourd'hui, une société unie et réconciliée, où toutes les forces vives de la nation, bien loin de se contrarier, se fondront ensemble et se fortifieront, où les travailleurs de tous les rangs, de toutes les conditions, se donneront la main pour s'entr'aider et se soutenir dans la lutte de la vie. La fraternité aura tué la haine et transformé le monde. (*Vifs applaudissements.*)

Messieurs, j'en ai assez dit, j'en ai même trop dit ; mais le moment était venu de parler net et clair pour vous permettre, pour permettre au pays de juger, en pleine connaissance de cause, la politique que nous poursuivons depuis dix-huit mois. (*Applaudissements répétés.*)

La Politique extérieure.

Si on la juge par ses résultats à l'intérieur et à l'extérieur, je crois pouvoir dire, sans fausse modestie, qu'elle n'a pas été sans profit et sans honneur pour la République et pour la France. (*Applaudissements.*)

A l'intérieur, elle a assuré l'ordre partout avec fermeté et sans provocation ; elle a donné à la nation une sécurité qui lui a permis de travailler en paix et d'envisager l'avenir avec confiance.

A l'extérieur, nous avons donné l'impression d'un gouvernement qui suit une politique raisonnée et réfléchie et qui sait la défendre au besoin contre les entraînements d'opinion factice et contre les sommations imprudentes de l'opposition. (*Très bien ! très bien !*)

C'est ainsi que nous sommes parvenus à circonscrire et, je l'espère, à éteindre l'incendie qui a éclaté en Orient au printemps dernier et qui, il y a dix ans, aurait sans doute embrasé l'Europe.

Il a fallu toute l'habileté, toute la ténacité, toute l'autorité de notre excellent ministre des Affaires étrangères pour dénouer et renouer les fils de cet écheveau embrouillé qui s'appelle la question d'Orient. (*Applaudissements.*)

Il n'a pu y parvenir qu'en s'attachant avec une persévérance inflexible à cette ancre de salut du concert européen, qui n'avait été, jusqu'à ces derniers temps, qu'un mot trop souvent vide de sens et qui est devenu aujourd'hui une réalité vivante et agissante. Ce sera certainement pour l'Histoire un grand événement, et il ouvre sur l'avenir des horizons pleins d'espérance. (*Mouvement.*)

Mais, il faut bien le dire, ce qui a rendu le concert européen possible, ce qui l'a cimenté, c'est surtout l'union de plus en plus étroite depuis un an, la communauté de vues et d'action de notre diplomatie et de celle de la puissante nation, de la nation amie et alliée (*Longs applaudissements*), avec laquelle nous marchons désormais d'accord sur tous les points du globe.

Cette union vient d'être consacrée définitivement et proclamée à la face du monde d'une façon éclatante par le noble souverain, qui a mis sa main loyale dans la nôtre, et la France en a ressenti une profonde émotion et un légitime orgueil. (*Double salve d'applaudissements.*)

Nous ne songeons nullement, comme le supposent nos adversaires, à tirer parti de notre politique extérieure pour les besoins de notre politique intérieure, et nous n'entendons nullement n'en faire honneur qu'à nous seuls ; nous sommes les premiers à rendre justice à ceux des gouvernements qui nous ont précédés et qui ont travaillé avec tant de suite, d'habileté et de patriotisme à l'œuvre accomplie.

Nous rendons surtout justice au pays, à cet admirable pays qui, par sa sagesse, sa puissance de travail et son courage, est parvenu à effacer, dans l'opinion du monde, les dernières traces de nos désastres. (*Applaudissements.*)

Mais, cette part faite à tous nos prédécesseurs, nous avons bien le droit d'être fiers d'avoir présidé à un événement considérable et de l'avoir rendu possible par la confiance que nous inspirons au dehors (*Oui ! oui ! Applaudissements répétés*) ; nous avons bien le droit aussi de signaler à la reconnaissance du pays l'action personnelle et décisive que le chef de l'Etat, M. Félix Faure, a bien voulu mettre, dans ces mémorables circonstances, au service de son pays. (*Vifs applaudissements.*)

Nous ne demandons pas d'autre récompense, et ce n'est pas à nous qu'on reprochera de nous servir, comme d'une arme de parti, de cette grande chose qui s'appelle la Patrie.

Nous n'avons pas d'autre prétention que celle d'être d'honnêtes gens, de bons citoyens, des patriotes pro-

fondément attachés à leur pays, dévoués à la démocratie dont ils sont sortis et d'avoir fait notre devoir,
tout notre devoir. (*Applaudissements unanimes et
répétés. M. le Président du Conseil est l'objet d'une
longue ovation de toute l'assistance.*)

Cet admirable discours a produit dans toute la France la
même impression; le pays a applaudi ce langage si correct et
si loyal de M. Méline avec la même chaleur que les électeurs
des Vosges. Il était difficile de parler plus nettement, plus
clairement à ses amis et aussi à ses adversaires.

ASSOCIATION NATIONALE RÉPUBLICAINE

Siège Central . 51, rue Vivienne, Paris

STATUTS

Article premier. — Il est formé entre les comités, groupes ou personnes qui adhèrent aux présents statuts, une association qui prend le nom d'Association Nationale Républicaine.

Art. 2. — L'Association a pour but le triomphe d'une politique d'union sociale, de progrès et de liberté, conforme aux principes de la Déclaration des Droits de l'Homme.

Art. 3. — Le siège central de l'Association est à Paris.

Art. 4. — L'Association Nationale Républicaine organise la propagande républicaine par des publications (bulletins, journaux, brochures, etc.) par des conférences, des réunions privées ou publiques, des congrès, et, d'une façon générale, par tous les moyens de nature à favoriser le développement des forces morales et économiques de la République.

Elle suscite la formation d'associations, de cercles ou comités locaux, cantonaux, d'arrondissement ou départementaux.

Art. 5. — L'Association Nationale Républicaine comprend :

1° Des comités qui fixent eux-mêmes le montant de leur cotisation;

2° Des membres fondateurs qui versent à l'Association une somme de mille francs au moins.

3° Des membres sociétaires qui versent une somme minimum de cent francs ou une somme annuelle de vingt-cinq francs au moins.

4° Des membres adhérents versant ou ne versant pas de cotisation

Art. 6. — Les groupes ou comités qui deviennent membres de l'Association Nationale Républicaine conservent leur entière indépendance, leur administration propre et leur organisation spéciale.

L'Association ne s'immisce pas dans les questions locales.

Art. 7. — L'Association est représentée par un Conseil général siégeant à Paris.

Les membres du Conseil général sont élus pour trois ans par l'Assemblée générale et renouvelables tous les ans par tiers.

Les membres sortants sont rééligibles.

Le nombre des membres du Conseil général n'est pas limité. Le Conseil peut s'adjoindre de nouveaux membres à titre provisoire, mais leur nomination doit être soumise à la plus prochaine Assemblée générale.

Art. 8. — Le Conseil général nomme son bureau, qui prend le nom de Comité Directeur, et se compose d'un président, de vice-présidents de secrétaires et de trésoriers.

Art. 9. — L'Assemblée générale se compose :

1° Des délégués des comités adhérents ;

2° Des membres fondateurs et sociétaires.

Les comités qui ne se feraient pas représenter et les membres fondateurs et sociétaires absents peuvent voter par correspondance pour les élections du Conseil général.

Art. 10. — Il ne pourra être proposé de modifications aux présents Statuts que sur l'initiative du Conseil général ou du quart des membres qui doivent composer l'Assemblée générale.

Les propositions de ce genre devront être soumises au Conseil général un mois avant l'Assemblée.

---

(1) Pour faire partie de l'Association, il suffit d'envoyer son adhésion au Président en s'autorisant d'un membre ou d'un élu républicain : sénateur, député, conseiller général ou d'arrondissement, etc...

COMITÉ DIRECTEUR

Président d'honneur : M. WALDECK-ROUSSEAU, sénateur de la Loire.

Président : M. H. AUDIFFRED, député de la Loire.

Vice-Présidents : MM. FERDINAND-DREYFUS, ancien député de Seine-et-Oise; EXPERT-BÉZANÇON manufacturier; MARTY, député de l'Aude; RONDELEUX, ancien député de l'Allier.

Secrétaire général : M. PAUL DELOMBRE, député des Basses-Alpes.

Secrétaire général adjoint : M. GEORGES VILLAIN, publiciste, conseiller municipal de Paris.

Secrétaires : MM. CHAUDEY, député de la Haute-Saône; FRÉDÉRIC CLÉMENT, avocat à la Cour d'appel de Paris; SAINT-GERMAIN, député d'Oran; MAURICE SPRONCK, publiciste et avocat à la Cour d'appel de Paris.

Membres : MM. BARTHOU, député des Basses-Pyrénées; ERNEST CARNOT, député de la Côte-d'Or; ARMAND-COLIN, libraire-éditeur; DULAU, député des Landes; GUÉRIN, sénateur de Vaucluse; NARCISSE LEVEN, avocat à la Cour d'appel de Paris; LOURDELET, membre de la Chambre de Commerce; M. PAUL MELON, membre du Conseil supérieur des colonies; RAYNAL, sénateur de la Gironde; A. J. RONJAT, avocat à la Cour d'appel de Paris; J. SIEGFRIED, député du Havre; J. STEEG, ancien député de la Gironde; TRARIEUX, sénateur de la Gironde.

Chef du Secrétariat : M. F. AYLIES, publiciste, conseiller général du Gers.

MM. CONSEIL GÉNÉRAL

ARMEZ, député des Côtes-du-Nord; ANCELOT, manufacturier; H. AUDIFFRED, député de la Loire.

BAILLY, membre du Conseil d'administration de l'Orphelinat de la Bijouterie; BARBEY, sénateur du Tarn; BARTHOU, député des Basses-Pyrénées; ÉMILE BERNARD, manufacturier; HENRI BLANC, député de la Haute-Loire; ADOLPHE BOISSAYE; BONNEFOUS, avocat à la Cour d'appel de Paris; BRIENS, sénateur de la Manche.

A. CAILL, ancien négociant; H. CARDOZO; ERNEST CARNOT, député de la Côte-d'Or; CHANTEMILLE, sénateur de l'Allier; CHAUDEY, député de la Haute-Saône; FRÉDÉRIC CLÉMENT, avocat à la Cour d'appel de Paris; ARMAND COLIN, libraire-éditeur; MAURICE COLRAT, avocat à la Cour d'appel de Paris.

ETIENNE DEJEAN, député des Landes; DELAUNAY, député de la Seine-Inférieure; DELMAS, ancien député de la Charente-Inférieure; PAUL DELOMBRE, député des Basses-Alpes; DENIS, sénateur de la Mayenne; DERVAUX, vice-président du Conseil général du Nord; PAUL DESCHANEL, député d'Eure-et-Loir;

DULAU, député des Landes ; EMILE DUPONT, manufacturier et conseiller général de l'Oise ; DURAND-SAVOYAT, sénateur de l'Isère ; A. DUSOLIER, sénateur de la Dordogne ; DU VIVIER DE STREEL, avocat à la Cour d'appel de Paris.

EXPERT-BEZANÇON, manufacturier.

A. FANIEN, député du Pas-de-Calais ; FERDINAND-DREYFUS, ancien député de Seine-et-Oise ; CHARLES FERRY, député des Vosges ; MARCEL FOURNIER, directeur de la *Revue Politique et Parlementaire* ; FRIEDEL, membre de l'Institut.

GAUDCHAUX-PICARD, à Nancy ; EMILIEN GIRAUD, avocat à la Cour d'appel de Paris ; GOUJON, sénateur de l'Ain ; GRANDEAU, de l'Institut agronomique ; GROSJEAN, publiciste ; GUÉRIN, sénateur de Vaucluse.

MAURICE HALAY, avocat à la Cour d'appel ; HÉMON, député du Finistère ; HENRI HÉNON, président de l'Association syndicale des Fabricants, membre-trésorier de la Chambre de Commerce de Calais ; HERVIEUX, ancien conseiller municipal de Paris.

CAMILLE KRANTZ, député des Vosges.

LABUSSIÈRE, ancien député de l'Allier ; MAURICE LASSERRE, député de Tarn-et-Garonne ; LUCIEN LAYUS, libraire-éditeur ; JULES LEGRAND, député des Basses-Pyrénées ; NARCISSE LEVEN, avocat, ancien conseiller municipal de Paris ; GEORGES LEYGUES, député de Lot-et-Garonne ; LOMBARD, ancien député de l'Isère ; LOURDELET, membre de la Chambre de Commerce de Paris.

L. MARCHEGAY, député de la Vendée ; MARTY, député de l'Aude ; MARUÉJOULS, député de l'Aveyron ; MAX-VINCENT, conseiller municipal de Paris ; PAUL MELON, délégué au Conseil supérieur des colonies ; EMILE MERCET, banquier ; MÉZIÈRES, député de Meurthe-et-Moselle ; MILLIARD, sénateur de l'Eure ; MIR, sénateur de l'Aude ; MURET, conseiller général de Seine-et-Oise.

PINARD, maître de forges ; POIRRIER, sénateur de la Seine ; RAMBOURGT, sénateur de l'Aube ; ANTONY RATIER, sénateur de l'Indre ; RAYNAL, sénateur de la Gironde ; ROBIQUET, publiciste ; RONDELEUX, ancien député de l'Allier ; A.-J. RONJAT, avocat à la Cour d'appel ; FÉLIX ROUSSEL, avocat à la Cour d'appel de Paris ; ALBIN ROZET, député de la Haute-Marne.

SAINT-GERMAIN, député d'Oran ; EUGÈNE SÉE, ancien préfet ; JULES SIEGFRIED, député de la Seine-Inférieure ; MAURICE SPRONCK, avocat à la Cour d'appel de Paris ; JULES STEEG, ancien député de la Gironde.

THONNARD DU TEMPLE, député de la Vienne ; TRARIEUX, sénateur de la Gironde ; TRÉLAT, député de la Seine.

L.-L. VAUTHIER, ingénieur ; GEORGES VILLAIN, publiciste et conseiller municipal de Paris.

Paris. — Imp. BOULLAY, 2, Place du Caire.

www.ingramcontent.com/pod-product-compliance
Lightning Source LLC
Chambersburg PA
CBHW060814280326
41934CB00010B/2691